RECHERCHES

SUR LE

ROLE DE LA PRESSION SOUS-GLOTTIQUE

DANS LA PAROLE

PARIS

Éditions de La Parole

INSTITUT DE LARYNGOLOGIE ET ORTHOPHONIE

La Parole

PRINCIPAUX ARTICLES DÉJA PARUS :

Abbé Rousselot : La Phonétique expérimentale, son objet. Appareils et perfectionnements nouveaux.
— Notes sur les évolutions phonétiques.
— Les articulations irlandaises.
— Historique des applications pratiques de la Phonétique expérimentale.
— Etudes de prononciations parisiennes.
— Recherches de phonétique expérimentale (bas-allemand).
William Stokes : De la rhinoplastie.
A. Grégoire : Variations de durée de la syllabe française.
Dr A. Thomas : Étude expérimentale sur les fonctions du labyrinthe.
— La surdité verbale.
H. Adjarian : Les explosives de l'ancien arménien.
A. Meillet : Notes historiques sur les changements de quelques explosives en arménien.
— Sur les intonations lituaniennes.
Max Egger : Troubles vestibulaires.
Paul Olivier : De la voix chuchotée.
— Étiologie et traitement de certains troubles vocaux.
— Note sur le traitement des aphonies et dysphonies nerveuses.
— Le bégaiement dans la littérature médicale.
— Origine et traitement respiratoires d'un cas de dysphonie.
Paul Olivier et **A. Sauvagnat** : Herpès exclusivement laryngé.
A. Sauvagnat : Chéloïdes du pavillon de l'oreille.
A. Zünd-Burguet : Applications pratiques de la Phonétique expérimentale.
— De la prononciation de l's et du *ch*.
Marcel Natier : La Neurasthénie et certaines affections du nez et de la gorge.
— Épistaxis spontanées.
Fauste Laclotte : L'harmonie vocalique
— Αἰπόλος Βουκόλος.
Rochon-Duvigneaud : Une cause de dyspnée nasale chez les nouveau-nés.
Maljean : Paralysie du muscle ary-aryténoïdien chez un hystérique.
Léonce Roudet : Méthode expérimentale pour l'étude de l'accent.
— Dépense de l'air dans la parole.
— Abaque pour l'analyse des courbes périodiques.
Dr Joseph Mullen : Usages chirurgicaux et thérapeutiques de l'extrait aqueux de capsules surrénales.
Dr Demetrio Galatti : Contribution à l'anatomie du larynx chez l'enfant.
Dauzat : Etude des articulations consonantiques.
Josselyn : De la nasalité en italien.
— Etudes expérimentales de phonétique italienne.
— Note sur *i* et *u* consonnes, *c*[*e*] et *g*[*e*] en Italien.
A. Schwendt : Examen clinique et acoustique de 60 sourds-muets.
— Les restes auditifs des sourds-muets peuvent-ils être utilisés pour leur apprendre à mieux parler ?
N. Oussof : Etudes expérimentales d'une prononciation russe.
Ch. Roussey : Notes sur l'apprentissage de la parole chez un enfant.
Abbé Meunier : Emploi de la méthode graphique pour l'éducation des sourds-muets.
Pr G. Gradenigo : Sur les différentes méthodes d'acoumétrie et sur la notation uniforme des résultats de l'examen auditif fonctionnel.
Robert Gauthiot : De l'Accent et de la Quantité en lituanien.
— Du *nûn* quiescent en persan.
Dr C. Ziem : Rapports des affections du nez avec les maladies des os et des articulations.
Dr L. Réthi : Polype nasal d'un volume extraordinaire.

EN PRÉPARATION :

Chlumsky : Les articulations du tchèque.
A. Zünd-Burguet : L'*n* mouillée.
Marcel Natier : La rhinorrhée exclusivement symptomatique de neurasthénie. — Son traitement.
— Syphilis tertiaire du nez.
Léonce Roudet : Recherches sur le rôle de la pression sous-glottique dans la parole.

RECHERCHES SUR LE ROLE

DE LA

PRESSION SOUS-GLOTTIQUE

DANS LA PAROLE

Du même auteur :

Méthode expérimentale pour l'étude de l'accent. 24 pages, 4 figures. (*La Parole*, n° 5, 1899).

Abaque pour l'analyse des courbes périodiques. 8 pages, 2 figures. (*La Parole*, n° 1, 1900).

Dépense de l'air dans la parole. 32 pages, 8 figures. (*La Parole*, n° 4, 1900).

Recherches sur le rôle de la pression sous-glottique dans la parole.

Les différents mouvements musculaires qui concourent à la production de la parole, ont pour résultat commun des modifications dans l'état physique de l'air expiré. Si on considère la colonne d'air à sa sortie de l'orifice buccal, on peut constater deux faits : 1° l'air expiré est le siège d'un *mouvement vibratoire* dont la fréquence, l'amplitude et la forme déterminent la hauteur, l'intensité et le timbre des sons correspondants ; 2° le *débit expiratoire* varie suivant la nature des sons produits et leurs différents modes (hauteur musicale, intensité, etc.).

Si on considère, au contraire, l'air contenu dans le réservoir formé par la trachée, les bronches et les vésicules pulmonaires, l'expérience et le raisonnement montrent que les mouvements producteurs de la parole s'y traduiront par des variations de *pression* plus ou moins grandes.

Dans des travaux que *La Parole* a publiés[1], j'ai fait voir comment on peut inscrire les vibrations aériennes et, par l'étude du tracé obtenu, calculer toutes les variations de hauteur et d'intensité qui se produisent dans le langage ; j'ai indiqué aussi un procédé permettant d'abréger notablement les calculs laborieux, nécessaires à l'analyse du timbre. Dans un autre travail[2], j'ai établi expérimentalement les principales lois des variations du débit

---

[1]. Méthode expérimentale pour l'étude de l'accent. *La Parole*, n° 5, 1899.

    Abaque pour l'analyse des courbes périodiques. *La Parole*, n° 1, 1900.

[2]. De la dépense d'air dans la parole, et de ses conséquences phonétiques. *La Parole*, n° 4, 1900.

expiratoire, suivant la nature des sons produits, leur hauteur, leur intensité et leur mode d'émission.

Il me restait à étudier, du même point de vue, les variations de la pression aérienne au-dessous de la glotte. Cette étude ne peut se faire que sur des sujets présentant une fistule de la trachée : or, les expériences ainsi faites ont porté le plus souvent sur la respiration. On n'a, sur la pression dans la parole, que de rares observations, déjà anciennes et très sommaires [1]. J'ai donc été heureux de rencontrer, grâce à l'obligeante entremise de M. Marcel Natier, un sujet trachéomotisé qui a bien voulu se prêter aux recherches que j'ai pratiquées sur lui à l'Institut de Laryngologie et d'Orthophonie.

M. X., qui m'a servi de sujet d'expériences, avec une amabilité dont je tiens à le remercier ici, est un homme de 67 ans. Il y a deux ans, M. Natier pratiqua sur lui l'opération de la trachéotomie à la suite d'une tumeur du larynx qui rendait la respiration impossible. M. X... est aujourd'hui complètement guéri, mais le souvenir des crises d'étouffement qu'il a éprouvées est demeuré si vif en lui que, par crainte d'une rechute, il n'a pas voulu qu'on laissât se refermer l'ouverture de sa trachée. Il garde donc à demeure, au-dessous de la glotte, une canule constituée par un tube métallique coudé de 9 mm. de diamètre interne et dont l'orifice extérieur est ordinairement fermé par un opercule qu'on peut enlever à volonté. Malgré la présence permanente de cette canule rigide, la voix et la parole sont normales, ce qui est une bonne condition expérimentale.

Il s'agissait donc de mesurer, chez ce sujet, la pression aérienne au-dessous de la glotte pendant l'acte de la parole, et ses variations, suivant la nature des sons articulés et leurs différents modes. J'ai employé comme instrument de mesure un manomètre à air libre et à eau, que j'ai construit spécialement en vue de mes expériences. Cet appareil se compose d'un simple tube de verre recourbé en U, dont chaque branche a une longueur d'en-

---

1. Cagniard-Latour. C. R. de l'Ac. des Sciences, 1837, p. 394. — Journal l'*Institut*, 1837, p. 131. — De Meyer, Les organes de la parole, p. 142.

viron 80 cent. L'une des branches est ouverte et graduée en centimètres. A l'autre, s'adapte un tube en caoutchouc terminé par
un embout rigide que l'on introduit, à frottement dur, dans la
canule trachéale, après avoir versé de l'eau dans l'appareil
jusqu'à une hauteur convenable.

La pression gazeuse, à l'intérieur de la trachée, se commu-
nique à l'air contenu dans la branche fermée, et il est évident
que le niveau du liquide restera le même dans les deux branches
tant que la pression du réservoir trachéen sera égale à la pression
atmosphérique. Les différences de niveau, positives ou négatives,
indiqueront, en *centimètres d'eau*, l'excès positif ou négatif de la
pression trachéenne sur la pression atmosphérique. Pour réduire
cette pression en *centimètres de mercure*, il suffira évidemment de
diviser le chiffre obtenu par 13,6, densité du mercure.

Au moyen de l'appareil que je viens de décrire, j'ai pu étudier,
chez M. X., les variations de pression qui se produisent pendant
la respiration normale, ainsi que celles qui sont liées à l'intensité,
à la hauteur musicale et à la nature des différents sons du langage.

Pour ne pas fatiguer le sujet, j'ai forcément dû me contenter
d'un nombre assez restreint d'observations. J'indiquerai, dans
chaque cas, le nombre d'observations que j'ai pu faire.

EXPÉRIENCES SUR LA RESPIRATION.

Le mécanisme respiratoire est bien connu : il suffira de préciser
ici les faits relatifs à la pression de l'air dans le réservoir constitué par la trachée, les bronches et les poumons. Au début de
l'inspiration, l'augmentation de volume du réservoir aérien
détermine un abaissement rapide de la pression et, en conséquence,
l'air atmosphérique se précipite dans la trachée par la glotte
béante. L'afflux d'air extérieur tend à ramener la masse aérienne
interne à la pression atmosphérique. Mais il faut noter que le
rétablissement de l'équilibre est ralenti par le fait que l'élévation
des côtes et l'augmentation de volume du thorax se poursuivent
concurremment avec l'entrée de l'air dans la trachée. En résumé,
pendant l'inspiration, la différence de pression, nulle au début,

devient négative et atteint assez rapidement son minimum, puis revient plus lentement et graduellement à zéro.

Alors commence l'expiration, second moment du phénomène respiratoire. L'innervation des muscles prend fin, et les organes reviennent à leur position première, en vertu de leur élasticité propre. Par suite, le réservoir aérien diminue de volume, et il se produit aussitôt un accroissement de pression qui force l'air à s'échapper à travers la glotte lorsque celle-ci est ouverte. L'écoulement de l'air tend à ramener la pression intérieure à la valeur de la pression atmosphérique; mais le retour à l'équilibre est ralenti par le fait que le volume thoracique continue à diminuer, tandis que l'air s'échappe. Dans cette seconde partie du phénomène respiratoire, la différence de pression, nulle au début, devient positive et atteint assez rapidement son maximum, puis revient plus lentement et graduellement à zéro.

Au moyen du manomètre et du dispositif précédemment décrit, j'ai pu constater que, dans la respiration normale et très modérée, la pression intérieure minimum pendant l'inspiration est *inférieure*, de 2 cent. d'eau en moyenne, à la pression atmosphérique. Pendant l'expiration, la pression intérieure maximum est supérieure de 4 cent. d'eau en moyenne, à la pression atmosphérique (Résultat de 4 observations). On verra que, dans l'expiration qui accompagne la parole, l'excès de pression est toujours supérieur à ce chiffre, et peut le dépasser de beaucoup.

EXPÉRIENCES SUR LA PAROLE.

Lorsqu'on fait prononcer une phrase à M. X., l'excès de pression accusé par le manomètre varie constamment, pendant qu'il parle, entre des limites assez éloignées : les chiffres extrêmes que j'ai obtenus dans la parole sont ceux de 6 cent. et de 20 cent. d'eau. Ces différences ne sont pas dues seulement aux variations de l'intensité sonore, comme Cagniard-Latour semblait le croire dans ses communications de 1837 à l'Académie des sciences et à la Société Philomathique. Elles sont évidemment liées, d'une part, à la résistance présentée à l'écoulement de l'air, c'est-à-dire au degré de fermeture de l'orifice glottique et de l'orifice buccal; d'autre part, à la rapidité avec laquelle diminue le volume du réservoir aérien, c'est-à-dire à la vitesse d'abaissement des côtes. Le degré de fermeture de l'orifice glottique et de l'orifice buccal est déterminé par les mouvements des muscles de l'articulation et de la phonation; la vitesse d'abaissement des côtes est déterminée par les mouvements des muscles de la respiration. C'est dire que la pression aérienne sous-glottique dans la parole est liée à l'ensemble des phénomènes physiologiques du langage, et, par suite, à l'ensemble des qualités des sons émis : à leur nature, à leur mode d'émission et à leur hauteur musicale, aussi bien qu'à leur intensité.

Pour démêler la part qui revient à chacun de ces facteurs, je me suis attaché à faire varier une seule condition à la fois, les autres restant constantes. J'ai étudié successivement les voyelles et les consonnes.

VOYELLES.

Dans mes expériences sur les voyelles, j'ai cherché à mesurer les variations de la pression sous-glottique dépendant de l'intensité, de la hauteur musicale, de la nature même des voyelles et de leur mode d'émission.

Influence de l'intensité. — J'ai fait prononcer au sujet la même voyelle *á* (a du mot français pas) sur la même note mi$_2$, avec trois degrés d'intensité différents, que je désigne sous les noms de *faible, moyenne, forte*, et j'ai noté l'excès de la pression sous-glottique correspondante (1 observation). Le diagramme suivant (Fig. 1) représente les résultats de l'expérience. La hauteur de chaque rectangle est proportionnelle à l'excès de pression constaté. La valeur de l'excès de pression est indiqué au-dessous.

L'interprétation des résultats ne présente aucune difficulté. On connaît, depuis Jean Müller[1], le procédé par lequel notre

---

1. MÜLLER. — Ueber die compensation der physischen Kräfte am menschlichen Stimmorgan, 1839.

organisme peut augmenter l'intensité de la voix sans en modifier la hauteur. L'abaissement plus rapide de la cage thoracique
détermine une pression sous-glottique plus forte, et la poussée
de l'air a pour effet de bomber et d'écarter les cordes vocales,
c'est-à-dire d'augmenter à la fois leur volume et leur tension.
Mais, comme l'a montré Müller, la tension *passive* des cordes
vocales ainsi produite par la poussée de l'air, est *compensée* par une
diminution de la tension *active* qui a pour cause la contraction

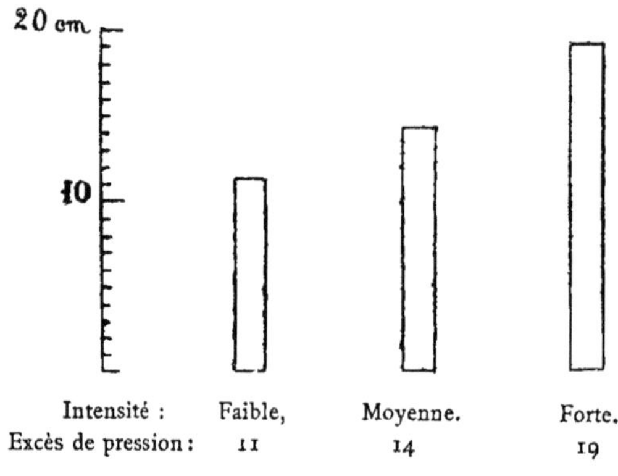

Fig. 1.

des muscles du larynx. La tension des cordes vocales reste donc
constante, mais leur longueur augmentant, ainsi que la masse
d'air qui agit sur elles pendant le même temps, les vibrations
deviennent plus amples et le son plus intense.

Influence de la hauteur. — J'ai fait prononcer au sujet la même
voyelle *á* sur les trois notes ut_2, mi_2, sol_2, avec une intensité
autant que possible constante, ce qui est assez difficile, car il
n'existe aucun procédé simple permettant de contrôler objective-
ment l'appréciation de l'intensité des sons de hauteur différente.
Je représente, comme précédemment, le résultat moyen des deux
observations que j'ai pu faire.

Ces résultats ne vont pas sans difficulté. Il est généralement
admis que la pression sous-glottique croît avec la hauteur musicale des sons émis. « A mesure que les rubans vocaux se ten-

« dent », dit en substance M. Lermoyez, « ils exigent pour vibrer
« un courant d'air plus fort. Or, cette augmentation nécessaire
« de la pression sous-glottique est obtenue par ce fait que les
« cordes vocales, se rapprochant à mesure qu'elles se tendent,
« mettent un obstacle croissant à l'émission de l'air. Les cordes
« vocales règlent elles-mêmes la pression dont elles ont besoin
« pour vibrer [1]. »

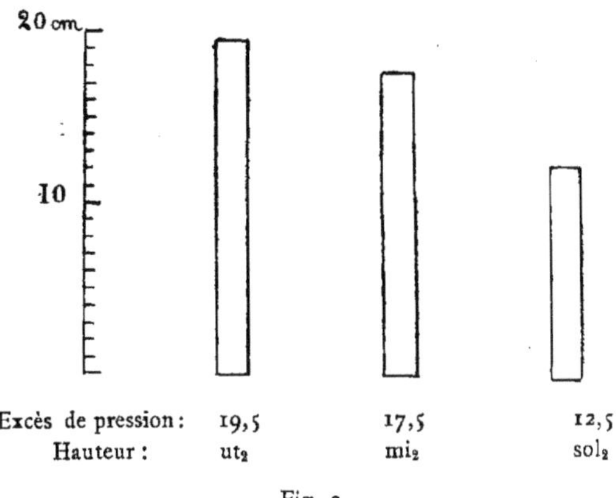

Fig. 2.

INFLUENCE DE LA HAUTEUR.

J'ai déjà dit combien il est difficile d'apprécier l'intensité de
sons de hauteur inégale. Il se peut donc que mon sujet d'expériences et moi nous nous soyons tous deux trompés en attri-
buant la même intensité à des sons d'intensité décroissante. J'ai,
d'autre part, été obligé de limiter le nombre de mes observations. Je me garderai donc d'affirmer que, pour les mêmes
voyelles, *à intensité égale*, la pression sous-glottique varie en
raison inverse de la hauteur musicale ; mais, en attendant que de
nouvelles expériences viennent faire le jour sur ce point, je veux
essayer de montrer qu'une pareille proposition n'est pas *a priori*
inadmissible.

Il est bien vrai, comme le dit M. Lermoyez, que les cordes
vocales, à mesure qu'elles se tendent, mettent un obstacle crois-

---

1. LERMOYEZ. — Étude expérimentale sur la phonation, p. 67.

sant à l'émission de l'air. Mais, il n'en résulte pas pour cela une augmentation nécessaire de la pression sous-glottique. Celle-ci, en effet, ne dépend pas uniquement de la tension et du rapprochement des cordes vocales; elle dépend aussi de la vitesse d'abaissement de la cage thoracique, qui peut être à volonté retardée par l'action du sterno-mastoïdien et du trapèze, ou accélérée par l'action inverse des différents muscles abaisseurs des côtes. Avec une tension moyenne des cordes vocales, la pression sous-glottique pourra être plus ou moins grande, suivant que le mouvement d'abaissement du thorax sera plus ou moins rapide. Il en résultera, naturellement, un débit d'air d'autant plus grand que la

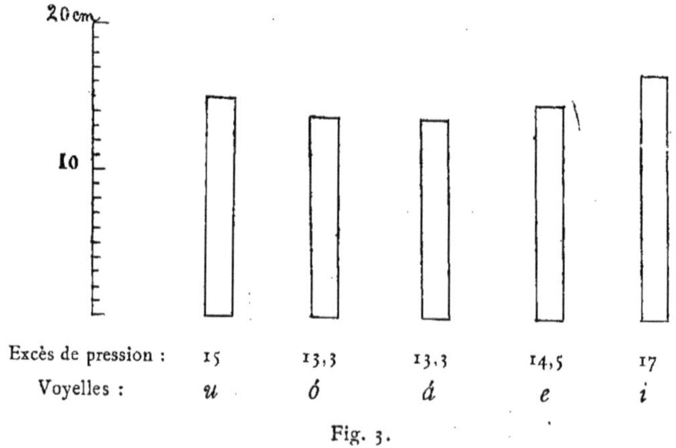

Fig. 3.

INFLUENCE DE LA NATURE DES VOYELLES.

pression sera plus forte[1]. Or, j'ai démontré expérimentalement, dans une étude déjà mentionnée, que, pour des sons de même nature et *de même intensité*, chantés en voix de poitrine, le débit aérien est d'autant plus faible que le son est plus élevé. Il n'y a aucune impossibilité à ce que cette diminution du débit résulte à la fois d'une diminution de pression et d'un rétrécisse-

---

1. On peut admettre, sinon comme une expression rigoureuse de la réalité des phénomènes, du moins comme une approximation grossière destinée à fixer les idées, que le débit d'air est directement proportionnel à la grandeur de l'orifice glottique et à la racine carrée de l'excès de pression, conformément à la formule de Torricelli sur l'écoulement des fluides.

ment de l'orifice glottique. De nouvelles expériences peuvent seules nous renseigner sur ce point.

Influence de la nature des voyelles. — On sait qu'on peut classer les voyelles en voyelles *postérieures* et voyelles *antérieures*, suivant la région de la cavité buccale qui présente le resserrement maximum pendant leur articulation. Ainsi, *i* et *é* sont des voyelles antérieures, *u* (ou) et *ó* sont des voyelles postérieures, *á* occupe une position intermédiaire entre les deux groupes. Dans chaque groupe on peut distinguer les voyelles suivant leur degré de fermeture : *i* est plus fermé que *é* qui est plus fermé que *á* ; de même, *u* est plus fermé que *ó* qui est plus fermé que *á*. J'ai fait

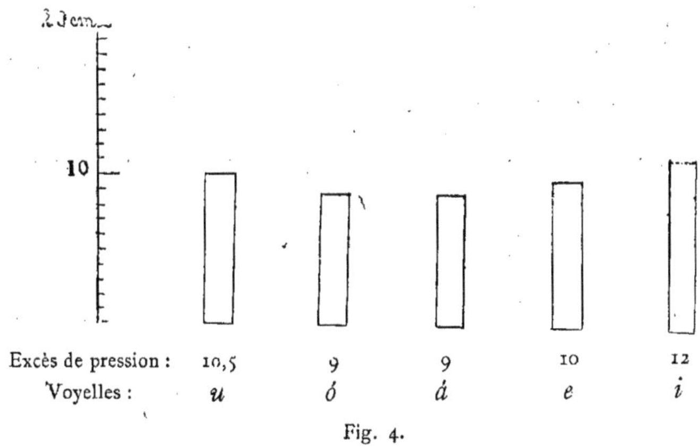

Fig. 4.

PRESSION DANS LES VOYELLES CHUCHOTÉES.

prononcer à mon sujet d'expériences les deux séries de voyelles *á, é, i* et *á, ó, u* sur la même note mi$_2$, avec une intensité autant que possible constante, et j'ai noté, dans chaque cas, l'excès de pression sous-glottique. Le diagramme (fig. 3) représente la moyenne de six observations.

On voit que, d'une manière générale, pour les voyelles postérieures aussi bien que pour les voyelles antérieures, la pression sous-glottique est d'autant plus forte que la voyelle est plus fermée. On peut assez facilement rendre raison de ce phénomène. Dans l'articulation des voyelles fermées, l'orifice buccal est rétréci et, *toutes conditions étant égales d'ailleurs*, la pression de la colonne sonore a besoin d'être plus forte pour le traverser. Mais on sait que l'effet d'une pression plus forte est de bomber et d'écarter les cordes vocales, d'augmenter par conséquent les dimensions de l'orifice glottique. Il s'ensuit, que le débit aérien doit croître avec le degré de fermeture de l'orifice buccal. C'est, en effet, ce qu'ont démontré des expériences dont j'ai donné le détail ailleurs, et qui trouvent ici leur confirmation.

Pression dans les voyelles chuchotées. — Lorsque la cavité constituée par la bouche et le pharynx a pris la forme propre à une voyelle déterminée, si les cordes vocales restent plus ou moins ouvertes pendant toute la durée de l'expiration, et si, en même temps, la pression aérienne est suffisante, on entendra le frottement de l'air contre les parois, il se produira même des vibrations très faibles, et on aura *la voyelle chuchotée* [1].

La voix chuchotée peut présenter des degrés d'intensité très divers, depuis un souffle presque imperceptible jusqu'à un son qu'on peut entendre dans une très vaste salle. Pour la même voyelle *á* chuchotée avec différents degrés d'intensité, j'ai constaté que l'excès de pression sous-glottique a varié entre les chiffres extrêmes de 6 cent. et de 15 cent. d'eau.

Afin d'éliminer les variations dues à l'intensité, j'ai fait chuchoter à M. X... les séries *á é i, a ó u*, avec une intensité moyenne et autant que possible constante. Le diagramme de la fig. 4 représente les différentes valeurs de l'excès de pression.

Si l'on se reporte aux résultats obtenus pour les voyelles parlées (Fig. 3), on voit immédiatement que la pression est beaucoup plus faible dans le chuchotement. Le rapport de l'excès de pression dans une voyelle chuchotée à l'excès de pression dans la même voyelle parlée, est compris entre $\frac{6}{10}$ et $\frac{7}{10}$. D'autre part, mes expériences sur la dépense d'air dans la parole ont montré que

---

1. Cf. Paul Olivier. — De la voix chuchotée. *Rev. intern. de Rhin.*, etc., n° 1 1899.

le débit aérien dans la voyelle chuchotée est de deux à trois fois plus grande que dans la voyelle parlée correspondante. On peut donc dire que le chuchotement est caractérisé par une grande dépense d'air et une faible pression. La voix, au contraire, est caractérisée par une dépense d'air plus petite, et une pression plus forte.

CONSONNES.

Mes expériences sur les consonnes n'ont pas été très nombreuses. J'ai dû me contenter de faire prononcer une fois chaque consonne suivie de la voyelle *a*. Les syllabes ainsi formées étaient articulées sur la note mi$_2$ avec une intensité moyenne et autant que possible constante.

Le tableau suivant donne les résultats des expériences :

Explosives.

	pa	ba	ta	da	ka	ga
Excès de pression :	15	11	12	11	17	15

Spirantes.

	fa	va	sa	za	cha	ja
Excès de pression :	12	11	14	13	16	14

Nasales.

	ma	na
Excès de pression :	15	16

Latérales et roulées.

	la	ra
Excès de pression :	13	16

Ces observations sur les consonnes sont trop peu nombreuses pour qu'on en puisse tirer des conclusions bien décisives. Je les ai données parce qu'une expérience garde toujours sa valeur même lorsqu'elle est isolée.

La comparaison des résultats permet cependant de noter :

1° L'excès de pression est, en général, plus grand pour les consonnes que pour les voyelles.

2° L'excès de pression est plus grand pour la consonne sourde que pour la voyelle sourde correspondante.

Les recherches que je viens d'exposer, jointes aux données que nous fournissent la physiologie et la phonétique, permettent de se faire une idée d'ensemble des conditions de la pression sous-glottique et de son rôle dans la parole.

La pression sous-glottique dépend : 1° de la vitesse d'abaissement de la cage thoracique ; 2° des dimensions et de la forme du canal d'écoulement, constitué par le larynx, la bouche et les fosses nasales.

Dans la respiration normale, ces deux éléments restent sensiblement constants pour le même individu. Les variations de pression, qui accompagnent les phénomènes respiratoires, suivent donc une marche régulière. Celle-ci ne peut être troublée que de deux façons. Un phénomène physiologique, passager ou durable, peut mettre obstacle aux mouvements de la cage thoracique ou à l'écoulement de l'air par son canal d'évacuation ; ou bien encore un phénomène psychologique émotionnel peut troubler l'innervation des muscles du thorax et de l'abdomen, et modifier ainsi l'étendue, le rythme et la vitesse du mouvement respiratoire.

Dans la parole, la pression sous-glottique est soumise aux mêmes conditions générales que dans la respiration ; mais ces conditions elles-mêmes sont normalement sujettes à une infinité de variations. L'action des muscles accélérateurs et modérateurs de l'expiration, celle des muscles tenseurs de la glotte, et celle des muscles moteurs de l'appareil articulatoire, varient à chaque instant dans le langage. Ces variations, spontanées et inconscientes lorsqu'elles résultent de phénomènes psychiques émotionnels, sont volontaires chez le sujet qui s'essaie à reproduire un son étranger ou chez l'enfant qui apprend à parler ; elles sont devenues automatiques chez l'adulte qui parle une langue qu'il sait,

Les divers mouvements des trois groupes de muscles producteurs de la parole, peuvent ainsi donner lieu à un nombre incalculable de combinaisons à chacune desquelles correspond un certain état de la pression sous-glottique, en même temps qu'un son de hauteur, d'intensité et de timbre déterminés. Toutes ces combinaisons sonores fournissent une matière inépuisable à la musique infiniment variée du langage humain. Mais une sélection s'opère entre elles, et chaque groupe ethnique n'en retient qu'un certain nombre qui constituent le système phonétique de sa langue. Si l'on considère une phrase parlée d'une langue donnée, chaque élément sonore de cette phrase résulte d'une association déterminée des trois catégories de mouvements musculaires qui concourent à la parole. Les actions des muscles de la respiration, de la phonation et de l'articulation y sont solidaires les unes des autres. Müller a mis en lumière le phénomène de la *compensation*, dans lequel une tension moins forte des cordes vocales correspond à un abaissement plus rapide de la cage thoracique. Qu'est-ce à dire, sinon que les conditions de la phonation commandent et déterminent les conditions de l'expiration ? Inversement, si l'on veut émettre une note haute sans renforcer l'intensité, il faut modérer le mouvement expiratoire. Qu'est-ce à dire, sinon que les conditions de la phonation commandent à leur tour, et déterminent les conditions de l'expiration ? De même encore, nous l'avons vu, la pression sous-glottique est liée au degré de fermeture des voyelles. Qu'est-ce à dire, sinon que les conditions de l'articulation et de l'expiration se commandent et se déterminent réciproquement ?

Ce synergisme musculaire, si on le considère du point de vue psychologique, se ramène à une association de mouvements créée par l'habitude et l'hérédité ; considéré du point de vue physiologique, il s'explique par un système déterminé de communications entre les divers éléments nerveux. Il s'est établi dans le cours des générations successives par une lente sélection qui a abouti dans chaque groupe linguistique à des types différents, constitués selon des lois qui leur sont propres. Déterminer ces lois, c'est définir le phonétisme d'une langue.

Mais une association de mouvements, même héréditaire, peut se dissoudre, et une autre association peut se former ; les rapports entre les éléments nerveux peuvent se modifier. La solidarité des muscles de la parole n'est donc pas immuable, elle peut se dissocier et s'altérer. C'est ainsi que naissent les changements phonétiques qui se produisent dans l'histoire des langues. Un changement phonétique n'est pas seulement une modification dans la position des organes d'articulation, c'est une modification des rapports qui existent entre l'expiration, la phonation et l'articulation. Or, la dissolution et l'altération du synergisme de la parole obéissent, dans chaque groupe linguistique, à des lois différentes. Déterminer ces lois, c'est rendre compte des évolutions phonétiques.

On le voit donc, la pression sous-glottique joue un rôle considérable dans la parole. Sa valeur, à chaque instant, résulte du jeu de tous les muscles qui concourent à produire la parole, et toute modification dans son état est liée à une modification correspondante dans le mécanisme et la nature du son produit. Le phonéticien ne doit pas l'oublier, lorsqu'il cherche à définir les conditions de production des sons du langage, ou à expliquer leurs transformations historiques.

Léonce Roudet.

INSTITUT

DE

LARYNGOLOGIE ET ORTHOPHONIE

Directeurs : Dʳ Marcel NATIER et M. l'abbé ROUSSELOT

Administrateur : Dʳ Paul OLIVIER.

———

NEZ, OREILLES, GORGE, LARYNX

ORTHOPHONIE

BÉGAIEMENT, CHANT, PAROLE, PRONONCIATION, RESPIRATION, TUBER-
CULOSE, ANÉMIE, NEURASTHÉNIE, APHASIE, SURDITÉ, SURDI-MUTITÉ,
traitées par les procédés et avec les appareils de la PHONÉTIQUE EXPÉ-
RIMENTALE.

Tous les jours... { de 9 heures à midi.
{ de 2 heures à 6 heures soir.

———

PARIS. - I, Quai des Orfèvres, 6, - PARIS.

La Parole

REVUE INTERNATIONALE DE

Rhinologie, Otologie, Laryngologie et Phonétique expérimentale

DIRECTEURS :

Marcel NATIER
FONDATEUR DU SERVICE
de Rhinologie, Otologie et Laryngologie
de la POLICLINIQUE DE PARIS

L'ABBÉ ROUSSELOT
PROFESSEUR A L'INSTITUT CATHOLIQUE
Directeur du Laboratoire de Phonétique expérimentale
du COLLÈGE DE FRANCE

SECRÉTAIRES DE LA RÉDACTION :

Paul OLIVIER | A. ZÜND-BURGUET

LA PAROLE PARAIT UNE FOIS PAR MOIS

ABONNEMENTS :

France (Algérie et Tunisie)...... **16** fr.] Étranger..................... **18** fr.
Les abonnements partent du 1ᵉʳ janvier et ne sont reçus que pour l'année entière.

On s'abonne sans frais dans tous les bureaux de poste, et en adressant à l'Administration du journal le montant de l'abonnement en mandat-poste ou bons de poste.

Rédaction et Administration : **6, Quai des Orfèvres, PARIS, I.**

MACON, PROTAT FRÈRES, IMPRIMEURS.